LE BLOCUS DE PHALSBOURG

HISTOIRE DU 9ᵉ BATAILLON

DES

GARDES NATIONAUX D'ÉLITE

DU DÉPARTEMENT DE LA MEURTHE

(ARMÉE DU RHIN, 1815)

PAR

M. Arthur BENOIT

(Extrait de la *Revue de l'Est*, livraison de Septembre et Octobre 1868)

METZ

TYPOGRAPHIE ROUSSEAU-PALLEZ, ÉDITEUR

Libraire de l'Académie impériale

14, RUE DES CLERCS

1868

LE BLOCUS DE PHALSBOURG

HISTOIRE DU 9ᵉ BATAILLON
DES GARDES NATIONAUX D'ÉLITE
DU DÉPARTEMENT DE LA MEURTHE

(ARMÉE DU RHIN, 1815)

La ville de Phalsbourg, place forte de Vauban, n'ouvrit ses portes à l'ennemi, ni au siége de 1814, ni au blocus de 1815, dont il va être question.

Conformément au décret impérial du 10 avril 1815, tous les Français, âgés de vingt à soixante ans, continuèrent à faire partie du service actif de la garde nationale. On prenait les grenadiers et les chasseurs parmi les hommes de vingt à quarante ans. Chaque bataillon était formé de 6 compagnies, de 120 hommes chacune. Les compagnies de grenadiers et de chasseurs pouvaient être détachées, après un triage sévère des hommes les moins disponibles, pour former des bataillons séparés, composés moitié de grenadiers et moitié de chasseurs. Ces nouvelles compagnies devaient avoir le même effectif que les autres. Les chefs des bataillons recevaient leurs nominations de l'Empereur. Chaque arrondissement formait un comité inspecteur. Le comité central du département proposait les officiers subalternes au gouvernement. Les bas-officiers étaient nommés par les capitaines, sauf l'approbation du chef de bataillon.

Les grenadiers et chasseurs avaient le fusil de calibre avec la baïonnette et la giberne. Tout citoyen payant plus de cinquante francs de contribution, était invité à s'armer à ses frais, ainsi qu'à s'habiller et à s'équiper. Les compagnies de fusiliers étaient armés de fusils de calibre ou de chasse et même de lances ; le port du sabre leur était défendu.

Les grenadiers et chasseurs qui ne pouvaient pas s'habiller devaient l'être sur les fonds départementaux ou communaux. Les fusiliers pouvaient conserver l'habillement habituel au pays, mais la cocarde nationale devait être au chapeau.

Par un décret du même jour, il était ordonné de mettre sur le-champ, en activité de service, le nombre de bataillons de grenadiers et de chasseurs qui suit : dans la 2ᵉ division militaire (Alsace), 35 ; dans la 4ᵉ (Vosges, Meurthe), 16 ; dans la 3ᵉ (Moselle), 14 ; dans la 2ᵉ (Meuse, Ardennes), 14, etc [1].

Les 204 bataillons désignés étaient mis à la disposition du ministre de la guerre pour former les garnisons des places fortes des divisions et y occuper tous les défilés, passages de rivières, postes et ouvrages de campagne indiqués par le comité de défense. En Alsace, un lieutenant-général devait commander les bataillons, et procéder à l'opération de la formation. Trois maréchaux de camp sous ses ordres commandaient les trois légions à former dans le Haut-Rhin, et quatre généraux du même grade commandaient les quatre légions à créer dans le Bas-Rhin. Ils devaient présider les conseils d'arrondissement. Dans les autres divisions, il était envoyé des maréchaux de camp inspecteurs pour com-

---

[1] Les juifs se firent généralement remplacer, et ceux qui partirent furent les premiers à déserter.

mander, et organiser sous les ordres des généraux divisionnaires. Le chef de bataillon était proposé par le ministre ; le capitaine adjudant-major était pris parmi les officiers de la ligne.

Enfin un troisième décret, toujours du même jour, portait que tout Français, inscrit sur les rôles de la garde nationale et porté sur les registres des contributions, avait le droit d'être armé.

Par le premier décret, 3,130 bataillons étaient levés pour protéger la frontière contre toute invasion ; à 720 hommes par bataillon, cela donnait 2,255,040 gardes nationaux ! Ces bataillons étaient répartis ainsi : les départements des Ardennes, de la Haute-Marne, de la Meuse, 21 chaque ; ceux de la Moselle, de la Meurthe, de la Marne, des Vosges, 42 chaque ; ceux du Haut-Rhin, 42, et du Bas-Rhin, 62. Strasbourg devait recevoir 15,000 gardes nationaux actifs ; Landau, 5,000 ; Huningue, Schlestadt, 3,000 chaque ; Thionville, 3,500 ; Metz, 10,000 ; Besançon, 6,000 ; Longwy, Phalsbourg, Sarrelouis, 2,000, etc.

Le chiffre des bataillons mobiles fut dépassé dans beaucoup de départements. Celui de la Meurthe en fournit 14, dont 4 de l'arrondissement de Nancy ; 2 de celui de Toul ; 2 de celui de Château-Salins ; 3 de celui de Lunéville, et 2 de celui de Sarrebourg. Enfin les arrondissements fournirent un bataillon de réserve.

Par rapport au logement des officiers dans les places fortes, un ordre du jour d'un enfant de Phalsbourg, le lieutenant-général comte de Lobau [1], commandant la 1re division militaire, peut renseigner sur ce point important, le voici :

« Son Exc. le ministre de la guerre et le général com-

---

[1] Il quitta ce poste pour commander un corps d'armée. Fait prisonnier à Waterloo, il fut envoyé le 9 juillet en Angleterre, à Ashbourton, dépôt général des officiers français prisonniers. De là il obtint l'autorisation de se retirer dans un château de son beau-père à Ollignies, puis de prendre les eaux à Aix-la-Chapelle. Peu après il put rentrer dans sa patrie.

mandant la 1re division militaire ont déjà reçu des plaintes concernant les exigences des militaires de tous grades logés tant à Paris que dans les environs ; il suffira sans doute, pour faire cesser ces réclamations, de retracer les articles du réglement qui tracent les droits des militaires et les obligations des habitants chez lesquels ils sont logés. L'ordonnance de 1768, confirmée et suivie depuis dans les places, établit d'abord que les habitants doivent donner place au feu et à la chandelle, et plus bas elle détermine les fournitures dues à chaque grade. Le colonel aura droit à trois chambres garnies. Le logement de chaque major ou chef de bataillon consistera en deux chambres garnies. Il sera donné à chaque capitaine une chambre avec un lit. Il sera donné aux lieutenants, sous-lieutenants, porte-drapeaux, porte-étendards, une chambre à deux lits. Tous les militaires, de quelque grade qu'ils soient, ne pourront exiger rien de leur hôte au-delà de ce qui est réglé ci-dessus. » (Avril 1815).

La nouvelle organisation ne faisait que devancer le vœu général. Partout les gardes nationales s'étaient réunies pour prêter serment de fidélité et manifester leur enthousiasme pour l'Empereur[1]. Le préfet de Nancy, le baron Bouvier du Molard, était arrivé le 29 mars. Près d'entrer sur le territoire de son département, il avait été victime d'une lâche attaque[2]. Mais cet accident ne diminua en rien l'ardeur qu'il mit à obéir aux ordres du gouvernement et à seconder de tout son pouvoir le général de brigade Duval, chargé de la levée des gardes nationaux dans le département de la Meurthe.

Le 12 avril 1815, circulaire du ministre de l'intérieur aux préfets, en leur envoyant le décret du 10 : « Toutes les garanties se trouvent dans cette grande mesure de défense

---

[1] Adresse à l'Empereur des citoyens composant la garde nationale de Nancy (24 mars). Azaïs, rédacteur.

[2] Voy. Petites affiches de Lunéville, 31 août 1867.

nationale, celle de nos droits politiques et de nos lois fondamentales, comme aussi celle de la paix, parce qu'elle ne saurait être troublée lorsque la partie la plus vigoureuse de la population, plus de deux millions d'hommes, la plupart aguerris, sont armés, non plus en masse et tumultueusement, mais d'après des bases régulières et destinées uniquement à défendre l'unité de l'empire français.

» .... Eclairez toutes les classes de citoyens, suivez le mouvement général, secondez et dirigez vers ce grand but l'ardeur qu'il excite dans tous les cœurs vraiment français. Cette mesure confiée à votre zèle et à votre patriotisme est à ce dernier terme de la Révolution française, aujourd'hui comme aux premiers temps, le gage le plus sûr de nos libertés, la garantie la plus efficace de notre indépendance et de notre sécurité au dehors. »

D'après les ordres de l'Empereur, toutes les forteresses devaient être armées et approvisionnées. Des retranchements devaient être faits dans cinq passages des Vosges. En outre, la levée en masse avait été décrétée. Des officiers de la ligne étaient chargés de commander les volontaires.

L'approvisionnement des places fortes eut lieu par réquisitions dans les villes et villages des environs de Phalsbourg. Bétail, viande salée, foin, paille, blé, farine, eau-de-vie, matelas, linge à pansement, etc., tout cela fut envoyé dans cette place. Les communes en retard étaient pourvues de garnisaires. Les cultivateurs devaient avoir par village une voiture à quatre chevaux prête à marcher tous les jours. C'était tantôt des équipages d'artillerie à mener sur Paris, tantôt des vivres et des militaires à conduire sur Phalsbourg. Les réquisitions de voitures avaient commencé en 1813 et n'avaient pas discontinué jusqu'à cette époque. Elles avaient eu lieu pour les armées françaises comme pour les armées alliées. On avait promis formellement aux paysans, au nom de l'Empereur, que tout ce qui serait fourni pour les approvisionnements des places, les besoins du service militaire, serait payé avec exactitude. Il y avait dans certains centres du pays et dans les places fortes des commissaires préposés pour la délivrance, l'estimation et la réception des objets requis. Ils devaient avoir des registres de réception. Il était recommandé, en outre, à des inspecteurs de tenir des registres réguliers. Des locaux étaient préparés, conformément aux instructions du ministre de la guerre, pour recevoir les denrées et bestiaux que les gens des environs désireraient y mettre pour les soustraire aux demandes de l'ennemi. Des délégués des communes devaient surveiller ces magasins. Ils ne payaient pas provisoirement de droits d'octroi. Si l'état de siége était levé, le propriétaire avait le droit de reprendre son bien ; mais s'il le vendait en ville, il payait l'octroi. On avait affiché ces mesures dans tous les villages. L'habitant devait s'approvisionner pour six mois ; dans le cas de siège immédiat, dans l'intérêt de la patrie et du salut commun, ceux qui n'offriraient pas les garanties de leurs moyens de subsistance ne pourraient plus rester dans la place.

Tout habitant devait obtempérer à toute réquisition pour poser les barrières aux portes, planter les palissades, etc. (Voir preuves, n° 1).

Les gardes nationaux d'élite de la Moselle, d'après un travail de répartition, devaient être envoyés à Longwy, Bitche, Phalsbourg et Marsal ; mais le comte Gérard, général en chef de l'armée de la Moselle, et le préfet du département, le baron de Ladoucette, demandèrent avec de vives instances au gouvernement de laisser les quatorze bataillons dans les cinq places fortes du département. L'Empereur, connaissant le zèle et le dévouement des habitants, accéda à ce vœu, et les bataillons occupèrent : les 1er et 2e, Metz; les 3e, 4e et 5e, Thionville ; les 6e, 7e, 9e et 10e, Longwy ; les 8e, 11e et 12e, Sarrelouis, et les 13e et 14e, Bitche.

Les garnisons devaient être complétées par des bataillons d'autres départements.

Le comte Gérard était en même temps commandant supérieur des 3e et 4e divisions (Metz, Nancy).

Un article du *Moniteur,* daté de Metz, 18 mai, disait que les habitants du département de la Moselle, et particulièrement ceux des cantons autrefois connus sous la dénomination de la *Lorraine allemande,* montraient un zèle, un dévouement, un patriotisme dont on ne saurait trop faire l'éloge. En effet, ils en donnèrent des preuves.

Phalsbourg était l'arsenal qui fournissait tout le pays. Le 10 mai, il arriva à Nancy 20,000 fusils venant de cette ville; le 11, il arriva 80 pièces de canon venant de Strasbourg.

Les gardes nationaux rendus à leurs postes étaient obligés d'apprendre le maniement d'armes; tous les jours ils allaient à la cible.

Le général de division Rapp, aide-de-camp de l'Empereur, arrivé le 6 avril à Strasbourg, avait été nommé chef du 5e corps d'observation (fort de 40,000 hommes) et commandant supérieur de la 5e division militaire. Le 5e corps d'armée prit plus tard le nom d'armée du Rhin. Voici son ordre du jour :

Soldats !

L'Empereur m'envoie pour vous commander.

Sûr de votre attachement et de votre valeur, il ne vous en demande aucune nouvelle preuve. Il reçoit chaque jour des marques de dévouement de cette foule de braves qui languissaient, depuis qu'il a quitté les rênes de l'Empire, dans une oisiveté si contraire à leur courage : ils courent tous et sans appel se ranger sous leurs anciens drapeaux.

La France en est couverte : ils vont grossir vos rangs, et si des étrangers venaient troubler la paix qu'ils désirent, vous leur prouveriez que vous n'avez pas cessé d'être les premiers soldats du monde : honneur que vous devez à ce héros qui vous a conduit victorieux depuis les cataractes du Nil jusqu'aux bords de la Moskowa.

Le général en chef, aide-de-camp de l'Empereur,

Comte RAPP,

Le 27 mai, le quartier-général de l'armée était à Haguenau ; elle gardait les lignes de Wissembourg. Le 14 juin, il était dans cette dernière ville. Les Austro-Bavarois étaient entre Deux-Ponts et Kaiserslautern. Landau servait encore de sentinelle avancée à la France. Le 25, Rapp revint à Haguenau.

Les revues de la garde nationale ne discontinuaient pas à Nancy, tantôt par le préfet, tantôt par le général Duval. Il s'agissait de trier ces nombreux bataillons et de former les bataillons actifs. Le 16 avril, le comte Rampon (voir n° II), commissaire extraordinaire dans la division, arriva à Nancy ; son but était de veiller à l'organisation précitée, et de s'assurer de l'approvisionnement des places fortes ; il félicita le général commandant la division Pacthod, de l'énergie que les populations de la Meurthe et des Vosges montraient. Le 29, le commissaire extraordinaire ordonna une épuration des membres de l'administration dans le premier de ces départements.

Le 30 avril, le maréchal de camp passa à Nancy la revue des grenadiers et chasseurs des 6e, 7e et 8e bataillons de gardes nationaux : la revue et l'inspection durèrent cinq heures. Le premier bataillon fut déclaré formé au nom de l'Empereur, et le défilé eut lieu dans un grand enthousiasme.

Le 12 mai, dans la cour de la caserne de Sainte-Catherine, le 9e bataillon fut rassemblé. Le général Duval fit battre un ban, et la troupe étant placée sur le terrain, il reconnut le commandant et fit recevoir les autres officiers. Le conseil d'administration fut formé ; outre le chef de bataillon président, il y eut MM. Maîtrot, Hussenot, de Metz, et Flamand pour membres ; la caisse devait fermer à trois clefs. La masse des hommes fut fixée à 4 francs par jour ; il y avait 420 présents. L'effectif devait être de 720 hommes pris dans l'arrondissement.

Le bataillon organisé défila et partit de suite pour Phalsbourg, dépendance de l'armée du Rhin, aux cris de : *Vive*

l'Empereur ! Vive Napoléon-le-Grand ! Vive Marie-Louise !
Il arriva le 5.

Voici sa composition :

Chef de bataillon : Roussel (Charles-Casimir), né à Toul, demeurant à Nancy.
Capitaine adjudant-major : Delaître (Ignace), né à Strasbourg (idem).
Officier payeur : Flamand.
Chirurgien : Morlet (Sigisbert), de Nancy.

1re Compagnie de Grenadiers.

Capitaine : Maîtrot (Georges-Louis), de Montbéliard, à Nancy, 28 ans.
Lieutenant : Valentin (Joseph-Michel)............   — 26 ans.
Sous-lieutenant : Antoine (Joseph), avocat.. ..... — 35 ans.

2e Compagnie.

Capitaine : Hussenot (Léopold-Antoine-Louis)..... à Nancy, 50 ans.
Lieutenant : Aimez (Christophe)................ — 35 ans.
Sous-lieutenant : Voirin (Jean-Baptiste).......... — 20 ans.

3e Compagnie.

Capitaine : Tardieu (Nicolas).................... à Nancy, 25 ans.
Lieutenant : Guichard (J.-C.-Antoine)............ — 27 ans.
Sous-lieutenant : Lisez (Charles-François)......... — 19 ans.

1re Compagnie de Chasseurs.

Capitaine : De Metz (Jules-Alexandre)[1].......... à Nancy, 27 ans.
Lieutenant : Marin, ex-garde d'honneur.......... — 21 ans.
Sous-lieutenant : Mandel (Étienne-Franç.-Sigisbert)[2] — 28 ans.

2e Compagnie.

Capitaine : Bachot (Auguste-Valentin)[3].......... à Nancy, 28 ans.
Lieutenant : Goguel (George)................... — 28 ans.
Sous-lieutenant : Burtin (Blaise-Candide)......... — "

3e Compagnie.

Capitaine : Loutzweiller (J.-B.-Ignace)........... à Nancy, 28 ans.
Lieutenant : Girardin (Sigisbert)................ — 23 ans.
Sous-lieutenant : Boucher (Christophe).......... — 27 ans.

---

[1] Substitut au tribunal de première instance, puis conseiller à Colmar.

[2] Juge auditeur au même tribunal.

[3] 1816. Capitaine de grenadiers, 1er bataillon de la garde nationale de Nancy.

Les mutations dans le corps furent peu nombreuses. M. Tardieu étant rentré le 12 juillet à Nancy, fut remplacé par le lieutenant Aimez, qui fut à son tour remplacé par M. Antoine. Jeannequin (Nicolas), de Badonviller, sergent-major, eut le grade de ce dernier.

Bien des noms connus figurent dans le contrôle : dans les sergents, Roubalet, Thuillier, Morand, le caporal Ducret, etc[1]. Un nommé Labaute fut détaché, le 17 juillet, à l'état-major du général Royer, et rayé ledit jour de sa compagnie.

Il y eut très peu d'entrants à l'hôpital. Les détachements arrivèrent rapidement de Nancy pour compléter le bataillon. Il en vint jusqu'au jour où les portes furent fermées. Il y eut des déserteurs, mais en quantité minime ; ce fut principalement des gens de la campage ; les uns quittèrent avant l'arrivée, d'autres profitèrent de ce qu'ils étaient de garde ou sautèrent avec des cordes dans les fossés, pour aller se livrer aux travaux de la campagne. Phalsbourg est une des rares villes qui a conservé l'aspect sévère d'une place forte. Les grandes guerres de l'empire n'avaient pas occasionné de pertes matérielles à la ville. Elle était encore, comme avant 1789, en seconde ligne, défendant un défilé des Vosges. Sur sa place d'armes, qui existait telle que l'avait créée le maréchal de Vauban, se trouvait l'église, bâtiment du dernier siècle, d'un aspect imposant, et qui ne se ressentait en rien de l'architecture du temps. Sur la porte principale on lisait, comme de nos jours, cette inscription républicaine :

LE PEVPLE FRANÇOIS RECONNOIT L'ETRE
SVPREME ET L'IMMORTALITE DE L'AME.

Les gardes nationaux d'élite, appelés à défendre Phals-

---

[1] C'est de l'atelier de Fonderie, établi alors sur la place de la cathédrale de Nancy, que sortirent les sols de la république, qui portent le nom de Thuillier. Nous citerons aussi : Bord, horloger, échappé des prisons de Leipsig, avec Krafft (Charles); puis Guérard (François), fourrier, Poirson, Didelot, Cayon, Mouchablon, Maffioli, Bellaire, Belleville, Gomien, Duon, caporal armurier, et Dosquet, caporal tailleur du bataillon, etc.

bourg, appartenaient, en grande partie, à la riche bourgeoisie nancéienne ; quelques-uns, comme les Mique, Delasalle, Moreau, Balbâtre, Michel, Beauchamp, Besval, etc., s'étaient fait remplacer.

D'excellentes relations lièrent les Nancéiens aux Phalsbourgeois. Le centre de leurs réunions était un café situé au coin de la place, près de la caserne de cavalerie. C'était le quartier-général d'où partaient toutes les nouvelles. On y jouait gros jeu, et en descendant la garde on y venait raconter les anecdotes du jour. Officiers et simples gardes y fraternisaient. On y parlait de la ville natale, objet de bien des vœux. On y discutait aussi sur le plus ou moins de probabilité de la longueur du siége. Bien des discussions politiques y eurent lieu ; mais jamais la camaraderie ne permit qu'elles transpirassent au dehors. Du reste, les Nancéiens étaient un peu les maîtres et primaient sous tous les rapports. Toucher à l'un, c'était toucher à tous. On en eut une preuve. Un jeune avocat de Nancy, d'une nature toute méridionale, emporté comme son âge le permettait, et qui avait eu bien de la peine, faisant son droit à Paris, de se faire rayer des gardes d'honneur en 1813, se trouvait simple chasseur à la 3e compagnie, après avoir été, quelques semaines auparavant, volontaire royal. Le retour du roi à Paris exalta encore plus sa verve satyrique. « Il osa donner publiquement l'essor à ses sentiments pour la famille des Bourbons, au milieu d'une garnison dont les vœux étaient pour l'empire. Ce courageux dévouement devait lui coûter la vie. Il allait passer à un conseil de guerre, lorsque son chef de bataillon lui facilita les moyens d'évasion. » (Biographie Michaud). Voici sa mutation : « Arrivé le 1er juin, payé le 2, ne compte plus par ordre supérieur du 13 juillet et renvoyé... » Certes, on agit avec prudence dans cette circonstance, et la situation était assez critique sans encore la rendre plus mauvaise. Mais il y eut de la fermeté à résister à quelques dénonciateurs et à quelques cerveaux brûlés qui voulaient un exemple. Du reste, l'ordonnance du roi vint donner gain de cause aux récalcitrants. (V. preuves n° III.)

Le 17 juin, l'adjudant du bataillon, Schœffler (J.-B.), de Phalsbourg, fut réformé; un nommé Morel (F.), de Nancy, le remplaça.

Le 27 mai, les places de Toul, Marsal et Phalsbourg furent déclarées en état de siége. L'ennemi approchait.

Dans cette dernière place, le 27 juin, les portes furent fermées, les Bavarois étant déjà dans le département; on devait s'attendre d'un jour à l'autre à une attaque. Dans les différentes sorties faites, entre autres dans celle dite la Tuilerie [1], le 9ᵉ bataillon eut quelques blessés; l'effectif n'en porte que trois le 4 juillet. Le caporal Carré, le grenadier Boucher, de Nancy, et Regnier, de Chaligny, tous de la 2ᵉ compagnie.

Le 25 juillet, on incorpore dans la 1ʳᵉ compagnie de grenadiers un Polonais, déserteur de l'ennemi.

Les désertions eurent principalement lieu le 4 et le 8 juillet, jours de sortie de la garnison, et le 6 août, veille du licenciement. Un des derniers sortis de la ville, encore libre, fut un jeune sous-lieutenant, élève de cavalerie de Saint-Germain, fils du maire de la ville, et qui venait de recevoir sa nomination au grade d'officier d'ordonnance du général comte de Lobau. A la poste de Hommarting, il apprit par un capitaine de partisans que les Bavarois étaient à Sarrebourg; tous deux n'eurent que le temps de gagner la montagne, et, après deux jours de détours, ils rejoignirent le colonel Brice, commandant un des corps-francs de la Meurthe, qui accueillit avec joie le jeune officier. Il assista à la conférence de Frémonville, qui mit fin aux corps-francs de la Meurthe (19 juillet) et dont l'issue honorable fut due au patriotisme de M. Lafrogne, maire de Blâmont, puis député.

[1] La petite chapelle Saint-Jean est à côté.

A Phalsbourg, le colonel Barthelemy avait remplacé, comme commandant de la place, Raguet comte de Brancion[1], major-commandant d'armes, chevalier de Saint-Louis et de l'ordre du Mont-Carmel, officier de la Légion d'honneur, major du 6e léger. Le 3 avril 1814, il avait reçu du comte d'Artois une lettre datée de Nancy, par laquelle le prince le remerciait de sa fidélité. On comprend qu'après une telle publicité il ne pouvait rester à la tête de la place de Phalsbourg.

Le secrétaire de la place était le sous-lieutenant Eckmann. Le capitaine Guy commandait l'artillerie (Vertz, garde). Le génie était sous les ordres du chef de bataillon Guilley, ayant sous lui les capitaines Ulrich et Anselmier (Scheffler et Dyck, gardes). Le curé était Jean-Pierre Lett (28 février 1805 au 29 janvier 1832).

Le juge de paix était le docteur en médecine Steinbrener.

Le maire était à la chambre des députés; c'était le baron Parmentier (Ch.-Joseph), notaire. Un de ses fils était à l'armée; l'autre était capitaine au 7e bataillon des gardes-nationaux d'élite de la Meurthe, à Metz [2].

L'armée ennemie tourna la ville. Un peu après la côte de Saverne, à la limite du département du Bas-Rhin, se trouve actuellement une route départementale conduisant au fort de la Petite-Pierre; une colonne, débris du palais du cardinal de Rohan à Saverne, indique la route. En 1815, ce chemin était à peine praticable. Il fut pourtant suivi par l'armée alliée. Les empereurs de Russie et d'Autriche, le roi de Prusse et les autres souverains, laissèrent leurs chaises

---

[1] Louis-François-Henri, né le 11 octobre 1765, ancien élève de l'école militaire.

[2] M. le baron Guerrier de Dumast, correspondant de l'Institut, doyen de l'Académie de Stanislas, assista aux deux siéges. Licencié en 1814, il fut de nouveau envoyé à Phalsbourg, en 1815, comme inspecteur du service administratif. Seul dans le conseil de défense, il avait les traditions du dernier siége. Fort bien approvisionné, on ne manquait de rien et on suppléait parfaitement à la viande fraîche par de la viande de cheval.

de poste pour monter à cheval. A travers un chemin sablonneux et rocailleux, ils gagnèrent la scierie de la vallée de la Zinzel, remontèrent cette vallée par Grauffthal (pittoresque hameau habité par des troglodytes), et par un des plus gracieux paysages de la basse Alsace ; ils arrivèrent aux villages d'Hangwiller et de Wescheim (Meurthe). Les Vosges étaient franchies; toute l'armée suivit. Les souverains regagnèrent la route impériale à Kourtzerode, à travers des chemins de campagne. Une collation était préparée dans la maison de cure actuelle (alors maison Westermann). L'empereur Alexandre avait pris les devants le matin[1] ; François Ier, Frédéric-Guillaume et d'autres princes firent halte. L'un d'eux était d'une si énorme corpulence, qu'une ceinture de cuir maintenait son ventre. Ils s'arrêtèrent une demi-heure. L'armée défilait depuis le matin : artillerie, cavalerie, infanterie ; en arrivant devant la maison, les musiques jouaient, les trompettes sonnaient. Un jeune officier, porté en litière, salua respectueusement. Tout cela passa vite. Le soir le défilé n'était pas terminé. Sept à huit chevaux magnifiquement harnachés étaient devant la maison. Cela suffit pour amener tous les curieux des environs. On les laissa presque pénétrer jusqu'à la porte. Les souverains sortirent ; un profond silence se fit tout à coup ; la voix nazillarde d'une vieille femme se fit entendre dans un groupe de paysans :

— Wo ift der Kaifer von Oeſtreich? (Où est l'empereur d'Autriche ?)

— Hier ift Er (Le voici),

dit gravement un petit homme, maigre et chétif, poudré, habillé de blanc et coiffé d'un immense chapeau. Puis apparut l'empereur François Ier, qui, avec le même sérieux,

---

[1] Il coucha à Saverne, chez M. Ostermann ; il y but du vin de *Goldenen-Boch*, qu'il trouva excellent. Ce qui ne prouve point en faveur de son fournisseur ordinaire, qui ne paraît pas lui avoir gâté le palais. (Klein, *Hist. de Saverne*, 104.)

monta à cheval. Tous les princes firent de même. Ils entrèrent à Sarrebourg le 2, au milieu d'une masse immense de soldats et de paysans appelés en réquisition avec leurs voitures ou conduisant des vivres pour le gîte militaire.

Les empereurs François et Alexandre, le roi de Prusse et le prince impérial d'Autriche firent presque toute la route à cheval. Ils étaient le 27 juin à Manheim, puis à Spire, à Rheinzabern, à Wissembourg, le 30 à Haguenau, le 1er à Saverne, le 2 à Sarrebourg, le 3 à Vic, le 4 à Nancy, le 6 à Void, le 9 à Châlons. Les forteresses de Phalsbourg et de Toul avaient été tournées par des routes ouvertes exprès à cette fin ; et l'exécution aussi hardie qu'imprévue de cette entreprise avait rendu inutiles tous les retranchements et autres préparatifs de défense, ainsi que les armements du peuple qui avaient été commandés. « Pendant ces marches fatigantes, dit la *Gazette de Vienne,* S. M. s'est toujours occupée, comme en pleine paix, du bonheur de ses peuples. Les bénédictions de l'Europe accompagnent ce digne monarque, et sa présence influe même visiblement sur la tranquillité intérieure de la France ; les provinces qu'il a traversées ont paru sentir combien ce royaume lui avait déjà d'obligation. » Toutes les chancelleries attachées à l'ancien congrès suivaient les princes.

A son arrivée à Spire et à Nancy, François Ier visita les tombeaux de ses aïeux des deux lignes. A Nancy, où l'on avait préparé pour le recevoir le palais de ses ancêtres [1], S. M. s'informa du lieu où étaient inhumées leurs dépouilles mortelles ; on lui répondit qu'il avait été dévasté pendant la Révolution, et qu'il était indigne des regards de S. M. « Il est honteux, dit l'empereur, de l'avoir ravagé, mais non de chercher à le découvrir [2]. » *(Gazette de Vienne).*

[1] Il logea au Gouvernement aujourd'hui le palais du maréchal.
[2] Comment se fait-il que la visite de l'empereur François Ier soit reportée à l'année 1814 par les historiens lorrains ? Le César allemand ne vint pas cette année dans l'ancienne capitale des États de ses ancêtres. Comment se

Le général Rapp annonça ainsi à ses troupes le désastre de Waterloo :

Soldats !

L'Empereur, après plusieurs victoires, a éprouvé un grand échec ; n'espérant plus, sans trop de sacrifices pour la France, conquérir la paix, à laquelle il était un obstacle, il abdique en faveur de son fils.

Soldats ! L'homme, le grand homme a passé : la patrie reste. Vous avez un gouvernement ferme et qui s'occupe d'avoir la paix. Votre attitude, votre dévouement, votre audace en traceront encore les conditions.

Quoi qu'il arrive, en conservant votre caractère, vous resterez Français. Votre général en chef vous conduira toujours au chemin de l'honneur !

Le 25 juin, le quartier-général de l'armée du Rhin devait arriver à Saverne, pour de là gagner les Vosges ; mais le prince de Wrède ayant pénétré à la tête des Bavarois, par la Sarre, dans la Meurthe, et le prince royal de Wurtemberg envahissant l'Alsace par Wissembourg (le prince Adam de Wurtemberg était déjà à Haguenau avec l'avant-garde), Phalsbourg dut renoncer à voir sa garnison renforcée. L'armée du Rhin alla se mettre sous le canon de Strasbourg, toutes les routes vers la France lui étant coupées. Le conseiller privé autrichien, baron de Hess, était nommé gouverneur de l'Alsace.

Les circulaires de l'ennemi commençaient à paraître. En voici quelques-unes :

PROCLAMATION.

Par une proclamation datée d'Oppenheim (23 juin), j'ai suffisamment fait connaître les intentions où je suis, d'après les ordres

---

fait-il que l'on dise que c'est en causant philosophie que François 1er parcourut les ruines désolées de la Chapelle-Ronde ? Certes, il devait avoir des sentiments bien différents. Sa tante Marie-Antoinette fut autrement émue en contemplant les mausolées de René II et de Léopold, ses ancêtres de la maison de Lorraine.

de l'Empereur, mon auguste maître, d'adoucir autant que faire se peut, les calamités de la guerre à l'égard de ceux des habitans de la France qui restent paisibles dans leurs demeures. La guerre ne sera pour eux, je le répète, qu'un inconvénient passager : leurs personnes et leurs biens seront respectés, même protégés.

Dans la vue de rendre ces assurances d'autant plus efficaces et afin d'épargner la nécessité d'user de rigueur envers ceux qui par des motifs personnels et coupables se permettroient envers les troupes que j'ai l'honneur de commander et celles des alliés, des actes d'hostilité désavoués par les lois de la guerre entre les nations civilisées ;

J'ordonne : 1° tout individu, qui, sans appartenir à aucun corps régulier de troupes françaises, sera pris les armes à la main, devra être livré à une commission militaire, et la sentence exécutée dans l'espace de vingt-quatre heures [1] ;

2° Les maires ou à leur défaut les notables des villes et des communes dans l'arrondissement desquelles un acte quelconque d'hostilité aura été commis, seront arrêtés et jugés par la commission militaire, s'ils se refusent à remettre les coupables ;

3° En cas de récidive, les villes et les communes précitées s'exposeront à toute la rigueur des lois militaires.

Donné à mon quartier-général à Sarreguemines, le 20 juin (2 juillet) 1815.

Le maréchal commandant en chef les armées russes,

Signé : Comte BARCLAY DE TOLLY.

Phalsbourg se trouvait de plus en plus bloqué. Des détachements peu nombreux, il est vrai, gardaient les avenues. Le parc d'artillerie russe n'arriva que le 22 juillet à Lixheim (v. preuves n° I), où il s'arrêta sans se diriger sur Phalsbourg. L'élément russe était en majorité au siége de la place. La nuit on entendait les officiers russes causer en français et interpeller nos sentinelles. C'était ainsi que presque toutes les nouvelles se répandaient.

---

[1] « A mesure que les armées pénètrent plus avant, le fanatisme des paysans diminue, et ce n'a été que sur la ligne des douanes que des mauvais sujets, habitués à vivre de la fraude, se sont livrés à de coupables excès. » (Francfort, 7 juillet).

La circulaire suivante fut aussi envoyée dans la place :

Habitants de Nancy !

Sa Majesté l'Empereur de toutes les Russies m'a fait l'honneur de me remettre le commandement de cette ville. Je n'ai point oublié que je suis né dans vos murs, et je me trouve honoré d'être chargé de protéger mes compatriotes et les habitants paisibles ; eux seuls peuvent compter sur ma protection ; mais malheur à ceux qui oseraient tenter de troubler la tranquillité publique et qui se permettraient la moindre insulte envers les troupes des hautes puissances alliées ou vis-à-vis de leurs concitoyens ! Tous les perturbateurs seront arrêtés de suite, jugés militairement et suivant toute la rigueur des lois de mon souverain !

Je recevrai à toute heure les réclamations que vous aurez à m'adresser, et j'y ferai droit aussitôt que j'en aurai reconnu la véracité. Mes bureaux seront ouverts journellement depuis huit heures du matin jusqu'à une heure de relevée, et depuis quatre jusqu'à huit heures du soir.

Nancy, le 25 juin (7 juillet 1815).

Le général-major commandant la ville de Nancy pour S. M. l'Empereur de toutes les Russies,

Comte d'Olonne.

En outre, on apprenait que le département était requis de faire des fonds de réserve de 2,250,000 rations de vivres, et de 750,000 rations de fourrages pour la subsistance d'une armée de 150,000 hommes et de 50,000 chevaux. Ces approvisionnements étaient indépendants de ceux qui étaient nécessaires pour la subsistance des troupes de passage et de garnison. Des circulaires du préfet provisoire Michon avaient été apportées à Phalsbourg par les paysans, qui parvenaient à forcer le blocus dans l'espoir de vendre au poids d'or quelques provisions de victuaille. L'appât du gain leur faisait braver le danger.

Le bruit se répandit une autre fois que les places de Landau et de Bitche étaient bloquées par la division russe Kruseneich, sous les ordres de l'archiduc Charles (9 juillet).

Le 15, on sut, par une proclamation de M. Michon, l'entrée du roi à Paris (8 juillet), et que M. d'Alopœus, ministre de l'armée russe, était nommé gouverneur général de la Lorraine et de la Marne.

Le général Sabaneieff était arrivé dans la Meurthe avec un corps russe de 20,000 hommes pour assurer les derrières de l'armée alliée et lui assurer ses correspondances. Il dépêcha « le colonel comte Orloff avec quelques régiments pour purger les bois des Vosges des partisans qui faisaient la guerre aux courriers, aux équipages et aux diligences. » Car c'est ainsi que l'on traitait les braves compagnons d'armes du colonel Brice.

Le comte Orloff avait fait répandre partout cette proclamation menaçante :

Nous, ministre de l'armée impériale de Russie, gouverneur général des départements de la Meurthe, de la Moselle, de la Meuse, des Vosges et de la Marne, déclarons :

Au chef d'escadron Brice, au capitaine Rioux, à l'adjudant-major Klein, au sous-lieutenant Duvenay et à l'ex-sergent Jacquot, de Lorquin, au capitaine Parmentier, au sous-lieutenant Conrard, au capitaine Georges, qui se trouvent à la tête des partisans dans le département de la Meurthe, que le but de la guerre ayant été atteint par la chute de celui contre lequel elle était particulièrement dirigée, ils aient à rentrer dans leurs foyers dans l'espace de dix jours, et à dissoudre les corps sous leurs ordres. Aussitôt qu'ils auront déféré au présent ordre, ils se présenteront devant le maire de leur commune, qui constatera leur retour et nous en donnera avis sur-le-champ. Nous promettons alors aux dénommés ci-dessus protection, et leur garantissons de les faire respecter dans leurs personnes et leurs propriétés.

Mais si contre toute attente ils étaient sourds à notre invitation, et si par leurs menées ils continuaient à inquiéter les troupes des puissances alliées et l'habitant paisible des campagnes, dont ils sont pareillement l'ennemi, nous nous trouverons forcés de sévir contre eux avec toute la sévérité des lois de la guerre, et nous déclarons qu'aussitôt qu'ils seront tombés entre nos mains, ils seront jugés militairement dans les vingt-quatre heures ; de plus, dans le cas de

désobéissance, leurs biens seront confisqués et vendus pour subvenir aux frais de la guerre ; enfin leurs parents seront arrêtés et retenus comme ôtages, pour répondre de tous les excès auxquels les dénommés dans la présente pourraient se porter.
Nancy, le 15 juillet 1815.
Signé : D'ALOPŒUS.

De fausses nouvelles circulaient aussi à Phalsbourg. Ainsi on disait que Béfort avait été obligé de se rendre après cinq assauts, dans lesquels les Autrichiens avaient perdu beaucoup de monde [1].

Un officier apporta au colonel Barthelemy la convention suivante qui allait relâcher la sévérité du siége :

ARMÉE DU RHIN.

Supplément à l'ordre du jour du 22 juillet 1815.

Aujourd'hui il a été conclu, au quartier-général français, à l'île de Wacken, un armistice entre l'armée du Rhin et l'armée autrichienne ; suit la teneur de l'armistice :

Nous, soussignés, Jean-Pierre-Théodore baron de Wacquant-Géozelles, grand'croix, commandant et chevalier de plusieurs ordres, chambellan, conseiller intime actuel, lieutenant-général des armées et colonel propriétaire d'un régiment d'infanterie hongroise, au service de S. M. l'Empereur d'Autriche, muni des pouvoirs de S. A. le prince de Hohenzollern, général de cavalerie, commandant en chef l'armée alliée en Alsace, et Jean-Étienne-Casimir-Étienne, baron de Maureillan, lieutenant-général et commandant du génie de l'armée française du Rhin, muni des pouvoirs de S. Exc. le comte Rapp, commandant en chef ladite armée ainsi que les places fortes d'Alsace, pour fixer ensemble les conditions d'un armistice entre les armées des alliés et l'armée française du Rhin, avons arrêté ce qui suit :

ARTICLE PREMIER. — Il y aura suspension d'hostilités entre les

---

[1] En revanche, les gardes nationaux de l'arrondissement de Sarrebourg (7e et 12e bataillons), enfermés dans Metz, ne donnaient plus depuis long-temps de leurs nouvelles. Les Russes bloquaient cette place plus étroitement que Phalsbourg.

deux armées. Cette suspension sera commune à toutes les places sous les ordres du commandant en chef de l'armée française du Rhin, qui sont Strasbourg, Landau, Lichtemberg, La Petite-Pierre, Phalsbourg, Schlestadt, Neufbrisach, Huningue, Fort-Mortier et Béfort.

Art. 2. — Cette suspension ne pourra être dénoncée qu'au bout de six jours, à dater de l'heure où elle aura été ratifiée, mais les hostilités ne commenceront que quarante-huit heures après la dénonciation, temps reconnu nécessaire pour prévenir les places ci-dessus nommées, qui y sont comprises.

Art. 3. — Les deux armées, ainsi que les corps chargés du blocus, maintiendront leur position respective, telles qu'elles se trouvaient être au moment où la suspension a été accordée.

Art. 4. — Il sera envoyé de la part du général en chef de l'armée française, dans chacune des places, un officier porteur de la présente, accompagné d'un officier de l'armée des alliés, lesquels seront chargés de constater respectivement au moyen de ce qui leur sera intimé des deux parts, où étaient les avant-postes établis autour d'elles.

Art. 5. — La dénonciation de la suspension des hostilités ne pourra être faite que par les généraux commandant en chef les deux armées alliée et française.

Art. 6. — Il sera envoyé par le général qui dénoncera la suspension, trois officiers, afin d'en donner connaissance aux places : le premier pour Schlestadt, Neufbrisach, Fort-Mortier, Huningue et Béfort ; le second pour Phalsbourg, La Petite-Pierre et Lichtemberg ; le troisième pour Landau. Le général auquel on aura dénoncé, sera tenu de faire accompagner chacun d'eux par un officier de son armée, pour que cette notification ait lieu de la même manière que celle de la suspension.

Art. 7. — Si après le laps de dix jours, il n'y a pas eu de dénonciation, le général en chef de l'armée alliée s'engage à laisser communiquer de cinq jours en cinq jours le général commandant en chef l'armée française avec le commandant de chaque place, par des officiers accompagnés comme il est dit à l'article ci-dessus.

Art. 8. — L'armée française du Rhin désirant envoyer une députation à Paris pour prendre les ordres de son gouvernement, le général en chef de l'armée des alliés donnera, à cet effet, des passe-ports à cette députation composée d'un lieutenant-général, d'un maréchal de camp et de huit officiers supérieurs, et la fera accompagner d'un officier autrichien, qui lui facilitera les moyens de se rendre avec facilité à sa destination.

Art. 9. — Il sera réglé dans les vingt-quatre heures, entre les commandants généraux des deux armées respectives, un mode de communication pour les paquets et lettres du gouvernement et autres, adressées à l'armée française, ainsi qu'aux places fortes et *vice versâ*, comme aussi pour la réception des courriers.

Art. 10. — La présente convention entre les deux armées n'ayant pour but que d'éviter toute effusion de sang, on ne statue rien ici sur une étendue de terrain qui pourrait être donnée à l'armée française du Rhin pendant la durée des négociations présumées pour la paix : cet objet étant d'ailleurs de nature à être fixé dans les arrangements généraux entre les hautes puissances alliées et le gouvernement français.

Art. 11. — Le présent armistice n'aura de valeur qu'après avoir été ratifié.

Fait et arrêté au quartier-général de l'île de Wacken, le 22 juillet 1815.

Le lieutenant-général du génie de l'armée du Rhin,

Baron de Maureillan.

Le lieutenant-général, conseiller privé de S. M. l'Empereur d'Autriche,

Wacquant-Géozelles.

Vu et ratifié par moi,

Le général en chef,

Comte Rapp.

Au quartier-général de Wacken, le 22, à midi.

Vu et ratifié par moi,

Frédéric-Xavier prince de Hohenzollern-Hechingen,

général de cavalerie et commandant général de l'armée I. R. combinée devant Strasbourg.

Au quartier-général de Stützheim, ce 22 juillet, à midi, l'an 1815.

Le général en chef ordonne expressément à tout gouverneur et commandant supérieur des places fortes de l'Alsace, y compris Phalsbourg, de se conformer aux dispositions de cet armistice ; il leur recommande de n'accorder l'entrée dans les places dont le commandement leur est confié, à aucun militaire ni employé civil étranger. Le général en chef se réserve seul le droit d'accorder quelques permissions s'il le juge à propos, et elles seront signées par lui. Les gouverneurs et commandants supérieurs des places sont chargés, en ce qui les concerne, de l'exécution du présent ordre du jour.

Par ordre du général en chef :

Le chef d'état-major,

SCHNEIDER.

Pour copie conforme :

*L'adjudant commandant,
chef d'état-major du gouvernement,*

Chevalier DE MARSY.

(*Moniteur*).

Le 3 août, M. de Lepinau, colonel de la 19e légion de gendarmerie, en vertu des ordres du lieutenant-général comte Heudelet de Bierre, commandant la division, entra comme parlementaire dans la ville, à onze heures du matin, et y fit arborer le drapeau blanc, pour midi, sur la tour de l'église paroissiale (cette tour n'était pas encore surmontée d'une statue de la Vierge comme de nos jours), sans tambour ni trompette. Des soldats du 9e bataillon, rentrant au quartier, virent tout à coup l'insigne blanc : *A bas le drapeau! ôtez-le!* crièrent-ils; et en même temps ils déchargèrent leurs fusils. Heureusement que quelques officiers arrivèrent et parvinrent à les ramener à la caserne. On ne sut ou on ne voulut pas savoir qui avait fait cette patriotique protestation.

Le 4 août, la garnison avait fait sa soumission au roi ; le même jour cette soumission parut dans les journaux.

Voici l'ordre pour la cocarde blanche :

ARMÉE DU RHIN.

ORDRE DU JOUR.

Soldats !

Le moment est venu de faire à la patrie le sacrifice de cette ancienne affection qui vous attache aux trois couleurs. Elles vous ont été chères dans le temps, comme gage de l'union de tous les ordres et de tous les citoyens. Le même amour de la paix et de la patrie doit vous faire adopter le nouveau signe que vous apporte le Roi. Ces étendards et ces cocardes blanches que nous allons porter, nous deviendront plus chers encore par les sacrifices qu'ils auront coûté à notre amour-propre et à nos anciennes habitudes. Nous serons payés de ces sacrifices par la paix extérieure et par l'extinction de tous les partis. Ils nous sauveront des discordes que les étrangers et les malveillants verraient peut-être avec plaisir, et du démembrement de notre chère patrie qui en résulterait. Vous ne ferez pas moins pour la France par votre résignation que vous n'avez fait par votre courage.

La cocarde blanche sera prise demain, à midi, par toute l'armée ; il sera tiré à ce sujet une salve de cent coups de canon.

Les députés de l'armée du Rhin sont arrivés à Paris le 26, et ils ont été accueillis comme des enfants de la grande famille. Cette nouvelle est arrivée au général en chef par un officier d'état-major du ministère de la guerre.

Strasbourg, le 30 juillet 1815.

Par ordre du général en chef :

Le chef d'état-major général,

SCHNEIDER [1].

Le 8, lendemain du licenciement, M. le baron de Jankowitz de Jeczenicze, préfet provisoire à Nancy, fit une proclamation digne et calme, convoquant tous les habitants à la paix et à l'union ; elle fut bien accueillie à Phalsbourg.

---

[1] Plus tard ministre de la guerre et député de la Moselle. Il était de Sarre-Union.

Le 10, la diligence de Strasbourg, allant à Nancy pour la première fois depuis les derniers événements, passa sous le canon de la place.

Le 12, la gendarmerie de Nancy envoya son adhésion au roi.

Les fêtes du 15 et du 25 août furent célébrées assez paisiblement.

Quelques jours auparavant, le général avait envoyé l'ordre de licencier le 9e bataillon. Voici le procès-verbal :

L'an mil huit cent quinze, le sept août, par devant nous Barthelemy, colonel commandant supérieur de la place, et sur les ordres de Sa Majesté, du 20 juillet, de M. le ministre de la guerre, du 21, de M. le général commandant la division, du 31, et ceux du commandant de place, du 5 août, nous nous sommes transporté sur la place, où nous avons trouvé le 9e bataillon des gardes nationaux d'élite de la Meurthe : officiers, sous-officiers et troupe.

L'état-major et les compagnies s'étant tous rendus sur le terrain chacun à son rang, on fit l'appel selon le contrôle nominatif dressé, qui constata :

	Officiers.	Troupe.
État-Major...	4	5
1er Grenadiers.	3	80
2e —	3	81
3e —	3	75
1er Chasseurs.	3	94
2e —	3	101
3e —	3	96
Total....	22	529, en tout : 551.

Le bataillon étant ainsi composé, le colonel a fait battre un ban et a déclaré, en vertu des ordres susdits, le licenciement du 9e bataillon, et a déclaré aux officiers et soldats qui en faisaient partie qu'il n'existait plus.

Cette opération terminée, il a été procédé à la réception des effets d'équipement et d'armement, par le chef d'escadron commandant l'artillerie de la place.

De tout quoi il a été dressé procès-verbal.

Signé : BARTHELEMY.

Des feuilles de route devaient être données aux gardes nationaux. Les certificats de présence au licenciement étaient en outre délivrés. Ces papiers étaient nécessaires pour toucher l'arriéré de solde. Le chef de bataillon ne devait quitter la place que lorsque tous les comptes étaient mis au net et toutes les fournitures rendues dans les magasins militaires. Le conseil d'administration était responsable du plus perçu en vivres et argent. Bien entendu que le moins perçu en vivres n'était pas rendu. Les états des compagnies furent plus tard soumis aux investigations des commissaires des guerres. Cette besogne, pour le 9e bataillon, dut avoir lieu à Strasbourg, siége de l'ancien état-major de l'armée du Rhin.

Nos gardes nancéiens gagnèrent pour la plupart pédestrement leur ville natale. Il y en eut déjà d'arrivés le lendemain soir, après avoir franchi 95 kilomètres pour rentrer plus tôt chez eux.

Le 10 août, le duc régnant de Saxe-Cobourg, Ernest, commandant un corps de Saxons, fort de près de 10,000 hommes, devait rentrer dans ses foyers par Saarbrücken ; mais ayant reçu son itinéraire par Lunéville, le prince obtint du colonel Barthelemy de passer sous le canon de la place pour aller à Colmar prendre ses cantonnements. Les Russes rentraient aussi ; mais ils passèrent, pour quitter le département, par Fénétrange (28 septembre), et ensuite par Bitche, Wissembourg et Saarbrücken. Il resta des détachements à Sarrebourg, Fénétrange, etc. Un nommé Machet de Sarrebourg était chargé de la perception des vivres nécessaires aux Russes en garnison dans ces deux villes. Chaque habitant avait plusieurs soldats, il recevait par tête deux livres de pain, une livre de viande, un huitième de litre d'eau-de-vie, un quart de vin, un demi-litre de légumes secs ou une livre de légumes verts et un soixantième de sel. Il ne devait fournir, comme pour le soldat français, que le coucher et la place au feu et à la chandelle.

L'occupation n'était plus si rigoureuse. M. d'Alopœus, gouverneur général, fit délivrer des permis de chasse aux individus proposés par les maires (v. preuves, n° IV). Le commissaire impérial russe en Lorraine délivrait des passe-ports pour toute la France à tous ceux qui en demandaient. C'était M. de Bartz; ces feuilles de sûreté étaient préférées à celles délivrées par l'administration française.

Le général Orloff étant à Nancy, avait ordonné que toutes les granges et écuries utiles à l'agriculture fussent évacuées par ses soldats; il avait fait faire des écuries provisoires pour ses chevaux, et il avait prescrit à ses lieutenants de prêter des chevaux du train pour aider les cultivateurs à rentrer les récoltes (6 août). Il leur avait en même temps ordonné d'écouter avec soin toutes les réclamations et de rendre de suite justice.

En outre, les maires devaient prévenir leurs administrés dont les propriétés avaient été dévastées, ou qui, par le passage des troupes alliées, avaient éprouvé des pertes autres que celles qui sont les suites inévitables de la guerre, de leur en faire la déclaration, qui devait être transmise, après renseignements, au gouverneur général chargé d'exécuter les intentions bienveillantes d'Alexandre Ier en faveur des victimes des événements de la guerre.

Malgré ces sages mesures, il n'était pas possible d'effacer les traces de l'occupation étrangère et de réprimer tous les excès qui en étaient la suite inévitable. Le 27 juillet, M. d'Alopœus prit un arrêté très sévère pour l'organisation de la police militaire russe; en voici quelques articles :

Toutes les autorités administratives et locales correspondront habituellement avec le directeur général de la police russe. On lui rendra compte de toute querelle ou désordre qui aura lieu. Tous les aubergistes, logeurs et directeurs des postes, donneront, tous les matins, avant huit heures, la liste des étrangers arrivés, pré-sents ou partis. Le passeport de chaque étranger sera présenté deux heures au plus tard après son arrivée, au bureau de la police russe, par l'aubergiste ou logeur, sous peine d'amende. Tout individu qui restera à Nancy sera tenu de se présenter tous les matins au bureau de la police russe, et d'y faire renouveler le permis de séjour. Tous militaires, sans papiers en règle, se présenteront sur-le-champ au bureau de la police militaire russe. La mairie n'accordera pas de logements à ces individus. Aucune troupe de comédiens, bateleurs, etc., ne pourra s'arrêter à Nancy sans une permission spéciale de la police russe.

Le chevalier de Bartz est nommé directeur général de la police russe (v. n° V.)

En même temps on ordonnait le désarmement de toutes les communes dans les vingt-quatre heures. « Toute commune dans laquelle le dépôt des armes n'aura pas été effectué sera considérée comme en état de rébellion. Il y sera envoyé une force armée aux frais des habitants pour y faire des visites domiciliaires. Si l'on y trouve des armes, les détenteurs seront arrêtés et jugés militairement. »

Le 30 juillet, le gouverneur général fit publier par le préfet provisoire du département de la Meurthe un arrêté portant qu'il serait levé une contribution extraordinaire de guerre de 4,500,000 fr., indépendamment de celle qui avait été ordonnée par l'arrêté du 20 juin. Elle devait être soldée en argent de France et était destinée à payer la réquisition de draps et de toile, dont le département avait été frappé par l'ordre du 6 juillet. Elle devait être perçue par un tarif et acquittée entre les mains des percepteurs, un tiers au 20 août, un avant le 20 septembre, et le dernier avant le 20 octobre.

Les environs de Sarrebourg furent occupés jusqu'en décembre par la 2e brigade de la 3e division de dragons russes sous les ordres du général Kabloukoff. Elle fut dirigée sur Reims. Le général en chef Woronzoff l'inspecta à son passage à Nancy.

Le licenciement de l'armée avait dû commencer le 21 août en Alsace; mais il fut retardé jusqu'au 4 septembre.

ARMÉE DU RHIN.

ORDRE DU JOUR DU 18 AOUT 1815

Le général en chef ayant fait connaître à S. Ex. le ministre de la guerre les besoins de l'armée du Rhin et le retard qu'éprouve le paiement de la solde, vient de recevoir l'avis d'un premier envoi de 400,000 francs pour y pourvoir. On lui annonce qu'il sera successivement envoyé des fonds pour tenir la solde au courant.

Le roi, dans l'amertume dont il est abreuvé par des circonstances aussi pénibles et au milieu des soins auxquels il est livré, s'occupe du bien-être de ses soldats et ne veut négliger aucune occasion de leur témoigner ses intentions paternelles.

Comte RAPP.

La dernière pièce officielle du général est celle-ci :

Strasbourg, le 18 septembre 1815.

Habitants de l'Alsace !

Le licenciement de l'armée du Rhin met un terme au commandement que j'avais parmi vous. Je n'ai eu qu'à me louer de mes compatriotes, et j'aime à leur en témoigner ma reconnaissance et mes regrets.

Le roi a daigné agréer les assurances d'amour et de fidélité que les Alsaciens ont mises à ses pieds ; il ne me reste plus qu'à leur recommander de persister dans ces sentiments qui les rendent si éminemment Français.

Comte RAPP.

Aucune place de son commandement n'avait été prise. Bitche, la Petite-Pierre, Lichtemberg avaient été jugées par l'ennemi trop inaccessibles ; on n'avait pas même pensé d'en faire le blocus.

Le département de la Meurthe devait avoir une division russe en cantonnement ; elle faisait partie du corps d'armée du général Sabaneieff (Nancy) ; M. le comte de Lessert était chef d'état-major général. Il y avait des Russes à Sarrebourg, Blamont, Vic, Dieuze, Fénétrange, etc.

Le 9 septembre, la garnison avait été licenciée à Phalsbourg. Cela fut vite fait, car il ne restait que quelques soldats et les vétérans qui furent de suite réorganisés. Un ordre du jour parut le 14 août :

> Le général en chef vient de recevoir l'ordonnance du roi, du 3 août, relative à la nouvelle organisation de l'armée.
>
> Il va y être procédé très incessamment. Les officiers, sous-officiers et soldats seront dirigés par détachements avec armes, bagages et l'indemnité de route sur les chefs-lieux de leurs départements. Tous ceux qui désireraient entrer dans la nouvelle formation des légions départementales seront libres d'y concourir, les autres de réclamer leurs retraites, congés ou réformes. Ainsi ces braves qui auront attendu avec confiance à leur poste le sort qui leur est destiné, obtiendront les récompenses qui leur sont dues. Ceux qui désirent rentrer dans leurs foyers le feront avec honneur, après avoir rempli jusqu'au bout leur carrière et leur devoir. Les soldats égarés par la malveillance, les lâches, les déserteurs, auront compromis leurs parents, chez lesquels ils seront poursuivis, et traîneront dans leurs familles l'infamie attachée à leurs pas.
>
> Par ordre du général en chef :
>
> *Le chef d'état-major général,*
>
> SCHNEIDER.

Le 20 novembre, le roi reçut la permission de mettre dans Metz 3,000 hommes de ses troupes; à Verdun, 500; à Lauterbourg, 200; à Phalsbourg, 500; à Lichtemberg et la Petite-Pierre, 150 dans chaque, etc. Longwy, Bitche, Thionville, Sedan, Mézières, la tête de pont de Fort-Louis, etc., devaient être occupées pendant cinq années par les troupes alliées.

Le 20 mai 1816, le chef d'escadron d'Agon de la Contrie, nommé, le 27 décembre 1815, commandant la place de Phalsbourg, fit prêter serment au roi à la 5e compagnie des sous-officiers vétérans ; et dans le discours qui suivit, il félicita ces braves de leur belle conduite, lors des siéges de 1814 et de 1815.

Voici quelques pièces à l'appui, empruntées à différentes sources et émanant, la plupart, des archives administratives.

PIÈCES A L'APPUI

N° I

Réquisition pour Phalsbourg

I

Sarrebourg, le 29 mai 1815.

Le Sous-Préfet de l'arrondissement de Sarrebourg à Monsieur le Maire de Saint-Jean.

Sur les observations que j'ai adressées à M. le Préfet relativement à la fourniture du vin, eau-de-vie et vinaigre, ce magistrat vient de m'annoncer qu'il avait ordonné à l'arrondissement de Lunéville de fournir ces trois objets.

Je m'empresse de vous faire part de cette circonstance, qui dégrève mon arrondissement d'un dixième de la somme totale qui lui a été assignée.

Le contingent de la commune sera réduit à la somme de 880 fr., que vous acquitterez en denrées dont le détail suit :

20 quintaux de farine de froment........	440 fr.
100 kilog. d'orge mondée..............	45.
2 vaches.........................	224.
80 kilog. de lard....................	160.
11 kilog. de pruneaux................	11.
	880 fr.

Toutes les dispositions contenues dans la circulaire du 20 seront au surplus suivies et exécutées.

J'ai l'honneur de vous saluer.

Signé : RUELL.

Réquisition pour l'approvisionnement de la place de Phalsbourg

II

Le maire est autorisé à mettre en réquisition les meuniers ci-contre.....

Ces fournitures seront reçues par le commissaire spécial à cet effet.

Elles seront payées en numéraire sur la simple représentation des procès-verbaux de réception.

Aucune considération ne peut arrêter l'exécution du présent ordre.

Le Sous-Préfet.

III

Sarrebourg, le 14 juin 1815.

Le Sous-Préfet de l'arrondissement au Maire de Saint-Jean.

Monsieur,

D'après les nouveaux ordres donnés par le gouvernement, l'approvisionnement de siége de Phalsbourg a été augmenté et porté à 563 quintaux de viande fraîche. Cette obligation m'oblige à faire une nouvelle répartition et votre commune est comprise pour la quantité de un bœuf ou vache du poids de 125 kil. au moins.

Vous les désignerez de suite, les ferez marquer et les tiendrez à ma disposition pour être rendues à Phalsbourg au moment que vous en recevrez l'ordre.

J'ai l'honneur de vous saluer.

RUELL.

IV

Sarrebourg, le 24 juin 1815.

Le Sous-Préfet de l'arrondissement au Maire de Saint-Jean.

Au reçu de la présente, vous ferez diriger de suite sur Phalsbourg la quantité de vaches que doit fournir votre commune pour l'approvisionnement de siége de cette place conformément à mes réquisitions.

J'ai l'honneur de vous saluer.

RUELL.

V

État des réquisitions des denrées de toutes sortes nécessaires à l'approvisionnement de Phalsbourg, que la commune de Lixheim a délivré en vertu des ordres de M. le sous-préfet du quatrième arrondissement de la Meurthe, en date du 20 mai dernier :

Le 2 juin, délivré à la place de Phalsbourg, 4 kilg. de pruneaux secs.
Le 3, délivré à la même place, 84 stères de bois de chauffage.
Le 5, délivré à la même place, 50 kilog. de lard salé.
Le 15, délivré à ladite place, 15 vaches.
Le 25, délivré à ladite place, 5 vaches.
Le 27 juin, délivré au corps-franc de M. Brice, arrivé dans ladite commune, la quantité de vivres et de fourrages.

Pour 125 hommes . 125 rations pain, 125 rations viande, 30 rations foin, 30 rations avoine.

Délivré en outre un cheval par la commune audit corps.

Fait et arrêté à Lixheim, le 10 août 1815.

VI

État des fournitures de denrées en toute espèce nécessaires aux troupes des hautes puissances alliées, délivrées par le maire de la commune de Lixheim, en exécution des ordres des commandants des détachements qui ont séjourné dans ladite commune, depuis le 1ᵉʳ juillet jusqu'au 28 juillet 1815.

1ᵉʳ juillet, délivré à un escadron de hussards, composé de 150 hommes avec 6 officiers, 150 rations de pain (1 kilog. par ration), viande (1/2 kilog. par ration), bière (1/2 litre par ration), eau-de-vie ; foin.

Le même jour, délivré à un autre escadron de cavalerie russe de 250 hommes, un commandant et 10 officiers, 250 rations (comme ci-dessus). Au séjour, autant de rations, et au départ autant que lesdits cavaliers ont exigé, enlevé et conduit avec eux.

Le 2 juillet, à dix heures du soir, arrive une division d'infanterie russe, forte de 3,800 hommes et 120 chevaux. Elle a fait séjour. Il y a 3,800 rations de même que ci-dessus et 120 rations foin et avoine.

Le 4, la susdite division enlève et conduit, sur deux voitures à quatre roues, du pain, de la viande, de la bière et eau-de-vie pour Assoudange, montant à 1,200 rations. Elle a en outre enlevé, chez le sieur Frédéric Lautz, 350 rations d'avoine.

Le 8, un escadron de 169 dragons russes arrive ; on fournit les rations, plus 169 de paille.

Le 9, un escadron de dragons russes, fort de 269 hommes avec l'état-major, on délivre ce jour aux deux escadrons 438 rations de chaque denrée.

Le 10, il y a 300 rations, et du 12 au 21, 269 rations chaque jour. Le colonel russe de Nobele avait ordonné la réquisition des fourrages dans divers villages, tels que Archwiller, Fribourg, Garrebourg, Guntzwiller, Gosselming, Hilbesheim, Hommarting, Hellering, Heyersberg, Hommer, Hazelbourg, Henridorff, Mittersheim, Postroff, Rheding, Romelfing, Saint-Jean de Bassel (970 quintaux 1/2 de foin, 669 1/2 hectolitres d'avoine).

Le 22 juillet, le parc d'artillerie arrive ; il y a chaque jour 400 rations, celles de foin montent au chiffre de 100. Ce qui fut donné jusqu'au 5 août. Les villages fournirent.

A ce jour, la commune de Lixheim avait fourni 15,516 rations de pain, eau-de-vie, bière, viande, et 2,963 de foin (à 10 kilog.), 2,096 d'avoine et 169 de paille.

(Les chevaux étaient logés dans les granges, les soldats n'ayant pas voulu les mettre dans les écuries. Il a été consommé encore un tiers du fourrage qui existait dans les granges des propriétaires).

Les communes suivantes fournirent les 1ᵉʳ, 2 et 3 juillet, aux troupes de passage à Lixheim :

2. Metting....... 125 rations de pain, 125 rat. de viande, 125 rat. de bière.
3. Schalbach..... 288   —   200   —   83   —
5. Weckerswiller. 248   —   200   —
3. Vieux-Lixheim. 400   —

Le maire de Lixheim avait ordonné les réquisitions. Au mois d'avril 1816, les habitants de Lixheim, malgré les pertes de 1815, s'offrirent, vu la pénurie du trésor royal et l'importance des routes pour le commerce et l'agriculture, à réparer à leur frais la portion de route de Fénétrange à Phalsbourg, qui traverse leur territoire. L'administration accepta avec reconnaissance cet acte de dévouement.

Le 20 janvier 1816, la totalité des contributions directes de 1815 dans le département de la Meurthe était payée.

VII

Le sous-préfet de Sarrebourg requiert le maire de la commune de Dolving de faire rendre à Sarrebourg cejourd'hui, pour cinq heures précises du soir, la quantité de dix voitures attelées chacune de trois à quatre chevaux pour être employées au transport des bagages des troupes à la suite des quartiers-généraux de LL. MM. les Empereurs de Russie et d'Autriche, ainsi que de S. M. le Roi de Prusse.

Les voituriers devront se munir de fourrages et se rendre dans la cour de la caserne pour y rester à la disposition de l'administration locale pour être employés, suivant les besoins, sous la direction de M. Pécheur, chef du parc des transports.

Sarrebourg, le 2 juillet 1815.

Signé : RUELL.

(Au mois de décembre 1815, on calcula dans le département du Bas-Rhin, qu'il y avait passé et cantonné depuis le 13 septembre jusqu'au 5 décembre, 288,634 hommes et 93,938 chevaux, faisant 91 jours d'étapes et 376 jours de station et de cantonnement, formant un total de 4,081,926 journées de vivres et 1,242,410 de fourrages).

VIII

Les munitionnaires généraux n'étaient pas chargés de la fourniture des approvisionnements de siége, ces dépenses étant mises au compte du ministère de la guerre par ordonnance du roi du 28 juillet 1815. Une circulaire datée du 6 juin précédent avait prescrit dans le département de la Meurthe la base d'après laquelle les fournitures pour les garnisons de Metz, Toul, Marsal et Phalsbourg, devraient être réparties et acquittées. Tous les citoyens imposés avaient été appelés à concourir, selon leurs facultés, aux demandes faites pour l'approvisionnement des places fortes. Le 12 février 1816, le préfet de la Meurthe demanda l'*Etat des fournitures faites à la décharge de la commune de* .....

en vertu *des réquisitions de chevaux et d'approvisionnement pour les places fortes de Metz, Toul, Marsal et Phalsbourg*. Le 17 juillet 1817, il fit demander les récépissés délivrés par les gardes magasins, afin d'éviter la déchéance ; les maires furent invités, le 14 octobre 1818, à ne pas vendre leurs créances de liquidation des fournitures de siége à certains agents d'affaires, qui prétendaient connaître les sommes dues depuis 1815, pour Metz, Toul, Marsal et Phalsbourg. Enfin le 30 juin 1822, le ministre de la guerre, par dépêche en date du 8, annonça que la liquidation de la dette arriérée était terminée et que le trésor était prêt à acquitter les créances avec les intérêts du 5 mai 1816.

En 1815, trois communes de l'arrondissement de Sarrebourg, par comble de malheur, avaient été grêlées (Dianne-Capelle, Danne, près de Phalsbourg, et Sarrebourg). Elles furent secourues. Une loi rendue en 1816 accorda onze millions aux départements qui avaient le plus souffert des désastres de la guerre. L'arrondissement de Sarrebourg fut inscrit pour 51,200 fr. Il avait été cruellement éprouvé par l'épizootie, et les habitants de la campagne avaient souffert toutes les horreurs de la famine. Au marché de Phalsbourg du 10 juin 1817, l'hectolitre de blé était monté à la somme de 87 fr. 35 centimes.

IX

Le directeur de l'enregistrement et des domaines écrit à ses employés qu'il n'a reçu aucun ordre du directeur général, mais qu'ils doivent se conformer à l'arrêté du maréchal de Wrède ; le seul changement notable dans l'administration est qu'elle s'exerce actuellement au nom des hautes puissances alliées et que les fonctionnaires publics ne doivent rien entreprendre contre les intérêts de ces dernières. (Lettre du 1er juillet.)

Une situation de la caisse au moment de l'entrée des alliés dans la commune doit être envoyée. (5 juillet.)

Une lettre au receveur de Fénétrange, datée du 11, prévient cet employé que d'après une convention faite entre les souverains, les finances du département doivent être administrées pour le compte de la Russie ; en conséquence il ne doit plus correspondre avec le commissaire bavarois, il doit résister à toute demande de fonds qui serait faite par des agents militaires ; il doit faire constater légalement la violation de la caisse à laquelle il ne pourrait résister.....

N° II

Le général Rampon, sénateur, pair de France, commissaire extraordinaire dans la 4e division, fit destituer le recteur de l'Académie et se montra sévère contre quelques ecclésiastiques qui, dans leurs prônes, cherchaient à détourner leurs paroissiens de l'obéissance au gouvernement.

Le lieutenant-général Pacthod fut changé de Nancy, il dut aller prendre le commandement de la 13e division, mais il éluda cet ordre en alléguant la nécessité de se faire retirer une balle qu'il portait au défaut de l'épaule depuis la bataille de Hanau. Le roi le nomma plus tard inspecteur général d'infanterie.

N° III

ORDONNANCE DU ROI DU 20 JUILLET

Considérant que rien n'est plus urgent que de rendre à leurs foyers ceux de nos sujets qui, depuis le 20 mars 1815, en ont été enlevés comme gardes nationaux pour être formés en bataillons d'élite, dans le dessein de les forcer à prendre une part active dans la guerre qui vient de se terminer, nous avons ordonné et ordonnons ce qui suit :

Article 1er. Les bataillons des gardes nationales d'élite levés dans les départemens du royaume depuis le 20 mars 1815 jusqu'à ce jour, seront sur-le champ licenciés.

2° Les anciens militaires qui n'ont point légalement cessé d'appartenir à l'armée et qui avaient été placés dans les bataillons d'élite de gardes nationales recevront ultérieurement les congés absolus auxquels ils pourraient avoir droit.

Les conscrits de 1815, qui ont fait partie des bataillons d'élite, rentreront également dans leurs foyers en restant néanmoins dans la situation où les avaient placés les ordonnances des 18 mai et 12 décembre 1814.

3° Tous les officiers de l'armée de ligne, quel que soit leur grade, qui sont attachés aux dix bataillons d'élite se rendront dans leurs foyers, où ils jouiront du traitement auquel ils auront droit, et qui sera ultérieurement déterminé.

N° IV

Le considérant de cet arrêté est remarquable par le ton de générosité et de confiance qui y règne ; le voici :

« Considérant que le désarmement général ordonné lors de l'entrée des armées des hautes puissances alliées sur le territoire français n'a eu pour objet que de prévenir l'abus que des hommes pervers ou égarés auraient pu faire des armes qu'ils se seraient procurées ou qui leur auraient été indiscrètement confiées ; que les Français éclairés aujourd'hui sur le but d'une guerre entreprise pour leur sûreté, comme pour celle de toute l'Europe, devant concourir à en consolider le résultat, il est de l'intérêt de tous que les habitans des communes, qui, par la considération dont ils jouissent par leur bonne conduite et leur fortune, présentent des garanties suffisantes d'emploi d'armes à feu, puissent obtenir la permission d'en porter. Avons arrêté, etc... »

N° V

(En tête l'aigle à deux têtes de Russie.)

DIRECTION GÉNÉRALE DE LA POLICE
MILITAIRE ET CIVILE DE LA LORRAINE ET DES DÉPARTEMENTS DE
LA MARNE ET DE LA SEINE ET MARNE.

Les autorités civiles et militaires sont invitées à laisser passer librement le nommé *Parmentier*, ci-devant *sous-lieutenant au 2ᵉ corps des Chasseurs volontaires du département de la Meurthe*, porteur de la présente, se rendant dans ses foyers, à *Sarrebourg*, département de la *Meurthe*, en vertu de la convention conclue le *7/19 juillet* 1815, entre *M. le comte Orloff et le chef d'escadron Brice.*

Délivré au bureau de la direction générale de police.
Nancy, le 31 juillet 1815.

Signé : BARTZ.

(Sceau.)

Dans ma *Notice sur les corps-francs du commandant Brice* j'avais confondu le sous-lieutenant Parmentier (Aimé) avec le capitaine du même nom, originaire de Parroy. C'est le sous-lieutenant Parmentier, qui quitta le blocus de Phalsbourg pour aller grossir la phalange des chasseurs volontaires de la Meurthe. Il était fils du maire de Phalsbourg, de cette petite ville illustrée par les *Romans nationaux* et qui mérite d'être appelée la pépinière des braves.

Tels sont les documents historiques qui peuvent rappeler, aux survivants de cette glorieuse époque, le blocus de Phalsbourg en 1815.

www.ingramcontent.com/pod-product-compliance
Lightning Source LLC
Chambersburg PA
CBHW061008050426
42453CB00009B/1326